Handbuch Tourenkalkulation

Daniel M. Giel

Handbuch Tourenkalkulation

Fahrzeuge in kleinen und mittleren
Transportunternehmen gewinnbringend disponieren.
Ab sofort!

Bibliografische Information der Deutschen Nationalbibliothek:
Die Deutsche Nationalbibliothek verzeichnet diese Publikation in der
Deutschen Nationalbibliografie; detaillierte bibliografische Daten sind
im Internet über http://dnb.dnb.de abrufbar.

Herstellung und Verlag: BoD – Books on Demand, Norderstedt

ISBN: 978-3-735775887

Inhalt

1. Einführung

Ab wann verdienen Sie als Existenzgründer oder etablierter Unternehmer im gewerblichen Güterkraftverkehr Geld? Und wieviel? Wie können Sie verlustreiche Touren bereits im Vorfeld identifizieren – und mit welchen erzielen die größten Gewinne?

Dieses Handbuch erläutert das systematische Vorgehen zu der für die Tourenkalkulation kleiner und mittlerer Speditionen notwendigen Recherche relevanter Daten. Es erklärt anschließend die einzelnen Rechenschritte. Mit den hieraus folgenden Ergebnissen erhalten Sie eine umfassende Entscheidungshilfe für die tägliche Arbeit in Ihrem Transportunternehmen.

Die Mustertabellen in Kapitel 10 ermöglichen eine schnelle, auf Ihr Unternehmen individuell zugeschnittene Berechnung. Diese können mit den Kopiervorlagen aus Kapitel 11 entweder manuell ausgefüllt oder einfach in ein Tabellenkalkulationsprogramm übertragen werden.

Bei Fragen oder Anmerkungen wenden Sie sich bitte gerne und jederzeit per eMail an mich:

tourenkalkulation@speditionsexperten.de.

2. Fixkosten des Fahrzeugs

Nehmen wir an, Ihr Unternehmen verfüge über einen gemieteten LKW. Sie fahren zunächst selber. Ihre Auftragslage erlaubt es durchschnittlich 20 Werktage im Monat zu arbeiten. Für die Zugmaschine bezahlen Sie monatlich im Full-Service, inklusive Versicherung, aller Wartungsarbeiten und Reifen 2.100 Euro zzgl. Umsatzsteuer. Den Auflieger, mit einem Plane/Spriegel-Aufbau, mieten Sie ebenfalls inklusive Versicherung und Reifen für monatlich 600 Euro.

	Kosten/Monat	Kosten/Einsatztag
Zugmaschine	2.100 Euro	105 Euro
Auflieger	600 Euro	30 Euro
Kompletter Zug	2.700 Euro	135 Euro

Tabelle 1: Kosten für Zugmaschine und Auflieger

Diese Kosten sind unabhängig von der tatsächlich mit dem Fahrzeug zurückgelegten Strecke. Es handelt sich um fixe Kosten: Fixkosten.

Zurückgelegte Strecke	100km	200km	300km	400km
Kosten Zug/Einsatztag	135 Euro	135 Euro	135 Euro	135 Euro

Tabelle 2: Kosten für Zugmaschine und Auflieger in Abhängigkeit der zurückgelegten Strecke

Das nachfolgend abgebildete Koordinatensystem zeigt auf der Abszisse (der horizontalen x-Achse) die mit Ihrem LKW an einem Tag zurückgelegte Strecke in Kilometern. Auf der Ordinate (der senkrechten y-Achse) sind die Kosten in Euro abgetragen.

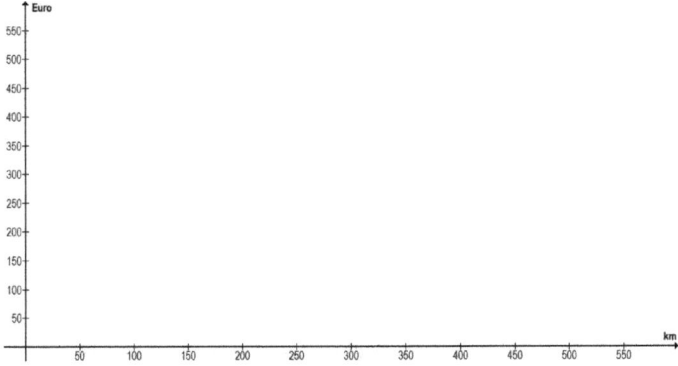

Abb.1: Koordinatensystem

Überträgt man die Kosten in Abhängigkeit der zurückgelegten Strecke aus Tabelle 2 in dieses Koordinatensystem, ergeben sich die Fixkosten des Zuges als Parallele zur x-Achse. Jedem Kilometerwert auf der x-Achse steht der gleiche Kostenwert – nämlich 135 Euro – auf der y-Achse gegenüber.

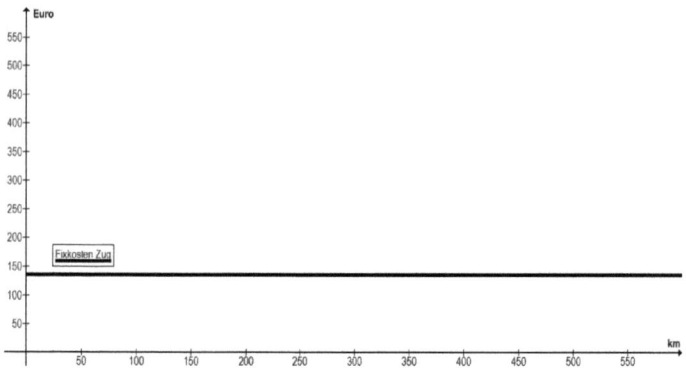

Abb.2: Koordinatensystem mit Fixkosten

Diese Beziehung zwischen den beiden Relationen, der zurückgelegten Strecke einerseits und den Kosten andererseits, lässt sich mathematisch auch als sogenannte Funktion darstellen. Eine Funktion ist eine Formel mit mindestens einer Variablen. In unserem Fall gibt es eine unabhängige Variable, das sogenannte Funktionsargument, nämlich die zurückgelegte Strecke. Im hier dargestellten Koordinatensystem ist dies der jeweilige Wert auf der x-Achse. Die abhängige Variable, der sogenannte Funktionswert, ist der in Euro gemessene Betrag, der durch das Zurücklegen der Strecke verursachten Kosten. In unserem Koordinatensystem ist dies der zugehörige Wert auf der y-Achse.

Fahren Sie beispielsweise 200km an einem Tag, schauen Sie nach diesem Wert auf der x-Achse. Denken Sie sich eine Senkrechte auf diesem Wert, parallel zur y-Achse. Anhand des Schnittpunktes der gedachten Senkrechten mit der Fixkostenlinie des Zuges können Sie auf der y-Achse den zugehörigen Wert ermitteln: Er beträgt 135 Euro.

Die Schreibweise einer mathematischen Funktion in Abhängigkeit der zurückgelegten Kilometer lautet hier:

$$f(km) = 135 \text{ Euro}$$

gelesen: f von km ist gleich 135 Euro

Die Fixkosten fallen auch an, wenn Sie Ihr Fahrzeug nicht bewegen. Sie steigen andererseits aber auch nicht, wenn Sie besonders weite Strecken damit zurücklegen.

3. Variable Kosten des Fahrzeugs

Variable Kosten sind im Transportgewerbe insbesondere die Kosten für die Maut, Kraftstoffe und gegebenenfalls AdBlue.

Auch Verschleiß, der in Abhängigkeit von der zurückgelegten Fahrleistung Kosten verursacht, gehört zu den variablen Kosten. Beispiele sind Reifenverschleiß und Kosten für Bremsbeläge. In dem hier vorgestellten Beispielunternehmen fallen diese Kosten aufgrund der beschriebenen Mietsituation nicht an. Sie werden deshalb erst wieder in den Mustertabellen in Kapitel 10 berücksichtigt.

3.1 Variable Kosten: Maut

Gehen wir davon aus, daß Sie eine EURO5-Zugmaschine mit zwei Achsen und einen Auflieger mit drei Achsen nutzen. Pro Kilometer mautpflichtiger Strecke beträgt die Maut 0,155 Euro.

Wir gehen weiter davon aus, daß Sie den Anteil der mautpflichtigen Strecken anhand von Stichproben geschätzt haben und mit 90% ansetzen.

Durchschnittlich fallen damit je gefahrenen Kilometer Mautkosten in Höhe von

0,155 Euro (Maut je Kilometer mautpflichtige Strecke)
x 0,9 (Anteil mautpflichtiger Streckenkilometer)

= 0,1395 Euro

an.

Als Funktionsgleichung geschrieben

$$f(km) = 0{,}1395 \times km$$

Das folgende Koordinatensystem zeigt die Mautkosten in Abhängigkeit der zurückgelegten Strecke.

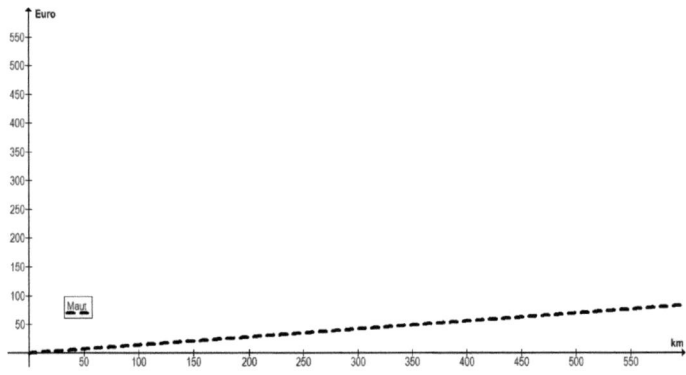

Abb.3: Maut

In dem Koordinatensystem lassen sich beispielsweise die Mautkosten bei einer Strecke von 300km ablesen: 41,85 Euro.

3.2 Variable Kosten: Kraftstoffe

Gehen wir davon aus, daß Sie einen durchschnittlichen Verbrauch für Dieselkraftstoff von 30 Litern pro 100km gemessen haben. Im betrachteten Zeitraum gehen Sie von einem durchschnittlichen Dieselpreis von 1,10 Euro zzgl. MwSt. aus.

30 Liter Diesel x 1,10 Euro = 33 Euro (pro 100km)

Als Funktionsgleichung geschrieben:

$$f(km) = 0,33 \times km$$

Bei dem Verbrauch von AdBlue rechnen wir überschlägig mit 5% AdBlue bezogen auf den Dieselverbrauch in Litern. Dies entspricht 1,5 Litern AdBlue auf 100km. Das AdBlue selber beziehen Sie in unserem Beispiel im Großhandel und lagern es in einem IBC auf Ihrem Stellplatz. Die Kosten pro Liter belaufen sich in der folgenden Rechnung auf 0,25 Euro zzgl. MwSt.

1,5 Liter AdBlue x 0,25 Euro   =   0,375 Euro
(pro 100km bzw.
0,00375Euro   pro
km)

Als Funktionsgleichung geschrieben:

$$f(km) = 0,00375 \times km$$

Fasst man die Kosten für AdBlue und Dieselkraftstoffe pro Kilometer zusammen, 0,33 Euro + 0,00375 Euro = 0,33375 Euro, erhält man die gesamten variablen Kosten für diese Kraftstoffarten.

Auch die Funktionen lassen sich addieren:

$$f(km) = 0,33 \text{ x km} + 0,00375 \text{ x km} = 0,33375 \text{ x km}$$

In unserem Koordinatensystem sieht die Entwicklung des Kraftstoffverbrauches und dessen Kosten so aus:

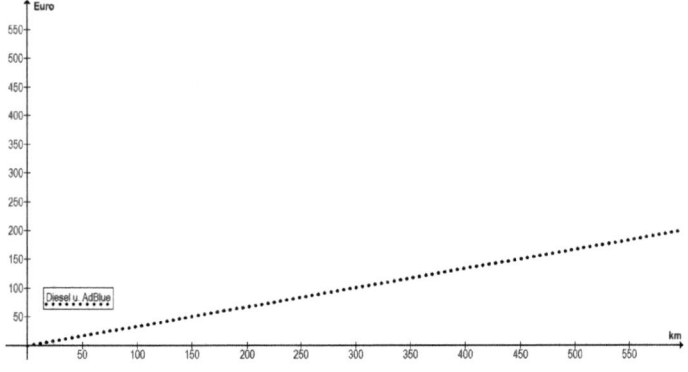

Abb.4: Diesel und AdBlue

Die Linie, die die Kraftstoffkosten darstellt, steigt „steiler" als die zuvor betrachtete Linie der Mautkosten an. Mit anderen Worten steigen die Gesamtkosten für die Kraftstoffe in Abhängigkeit der zurückgelegten Strecke schneller als die Gesamtkosten der Maut.

3.3 Variable Kosten: Reifenverschleiß

In dem vorliegenden Beispiel gehe ich, wie bereits angesprochen, zur besseren Veranschaulichung von einem Full-Service-Mietvertrag aus. Dieser enthalte auch die Kosten für den Reifenverschleiß. In den Mustertabellen zur Berechnung Ihrer individuellen Fahrzeugkosten am Ende dieses Buches können Sie selbstverständlich den Reifenverschleiß berücksichtigen.

Den Reifenverschleiß pro Reifen in Euro berechnen Sie dabei mit folgender Formel:

$$Reifenverschleiss \ je \ 100km = \frac{Preis \ eines \ Reifens}{Lebensdauer \ eines \ Reifens \ in \ km} \ x \ 100$$

3.4 Variable Kosten: Zusammenfassung

Wir haben nun

- die Kosten für die Maut
- die Kosten für AdBlue
- die Kosten für Dieselkraftstoffe
-

als variable Kosten identifiziert und in Abhängigkeit von der zurückgelegten Strecke berechnet und dargestellt.

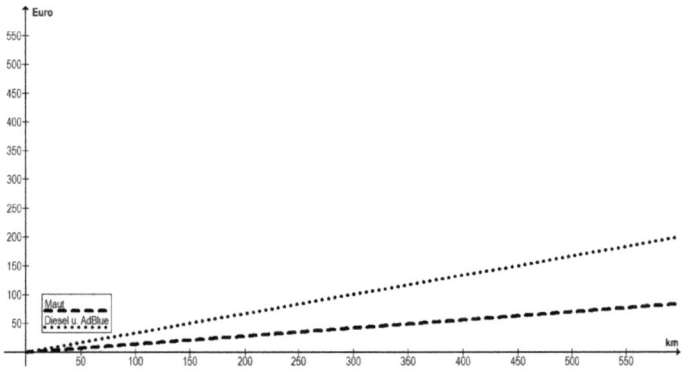

Abb.5: Diesel, AdBlue und Maut

Die einzelnen Funktionslinien in unserem Koordinatensystem lassen sich addieren, indem man die jeweiligen Werte auf der y-Achse addiert. Es ergibt sich eine neue Linie.

Somit können wir nun auch die gesamten variablen Kosten zu einer Größe zusammenführen. Je gefahrenen Kilometer fallen an:

	0,1395	Euro Maut
+	0,33	Euro Diesel
+	0,00375	Euro AdBlue
=	0,47325	Euro

Als Funktion:

f(km) = 0,1395 x km + 0,33 x km + 0,00375 x km = 0,47325 x km

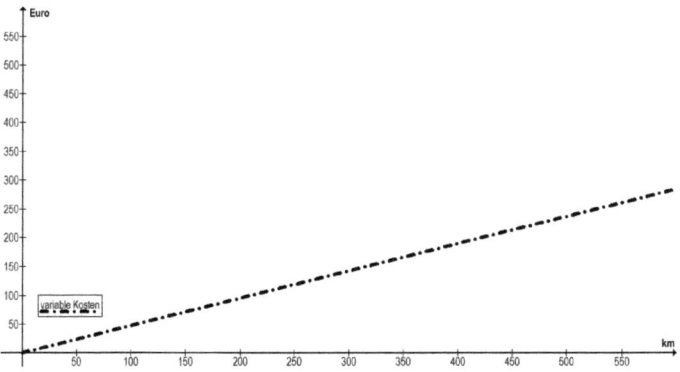

Abb.6: Diesel, AdBlue und Maut: variable Kosten

4. Gesamtkosten

Die Gesamtkosten („GK") sind die Summe der fixen („kf")
und variablen Kosten („kv") in Abhängigkeit der
zurückgelegten Kilometer.

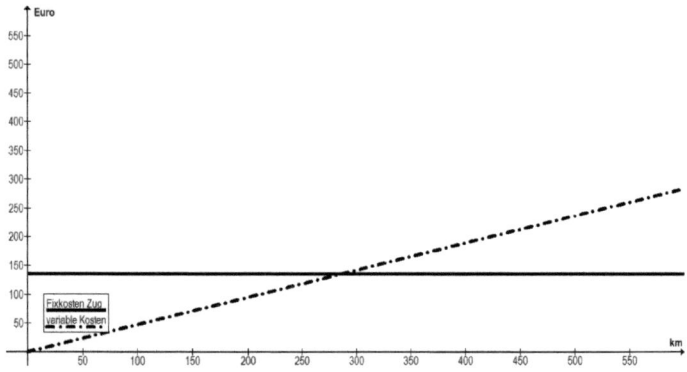

Abb.7: Variable und fixe Kosten

GK = kv + kf

GK = 0,47325 Euro x km + 135 Euro

Die Addition der fixen und variablen Kosten ergibt grafisch dieses Bild:

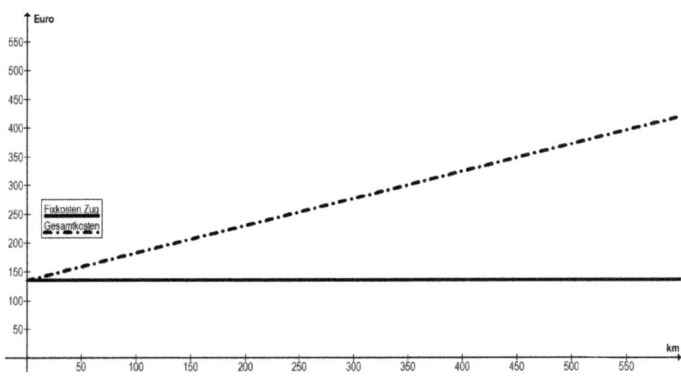

Abb.8: Variable und fixe Kosten

Oder nur mit den Gesamtkosten:

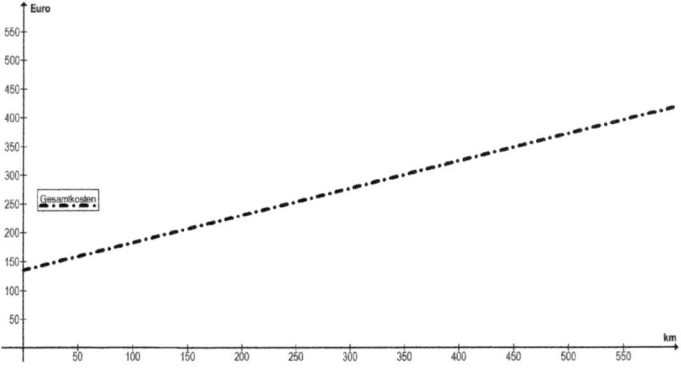

Abb.9: Gesamtkosten

Sie können nun, abhängig von der zurückzulegenden Strecke, Ihre Gesamtkosten ablesen. Hier noch nicht berücksichtigt

21

sind Ihre privaten Kosten – der kalkulatorische Lohn, den Sie sich für Ihre Arbeit auszahlen müssen.

Die Gesamtkostenlinie stellt die absolute Preisuntergrenze für die tägliche Disposition und damit die Auftragsannahme Ihres Fahrzeuges dar.

5. Umsatz

Der Umsatz muss, in Abhängigkeit der zurückzulegenden Kilometer, mindestens so hoch sein, wie die Gesamtkostenlinie es bei der jeweiligen Strecke angibt.

Sie treffen in der Transportbranche auf verschiedene Vergütungssysteme. Diese reichen von einer kilometerabhängigen Vergütung, gegebenenfalls zuzüglich Maut, über pauschale Systeme mit Vergütung von Standzeiten.

5.1 Kilometerbezogener Umsatz

Gehen wir zunächst von dem einfachen Fall einer kilometerbasierten Abrechnung aus. Nehmen wir an, Ihr Kunde disponiert Ihr Fahrzeug und zahlt Ihnen hierfür pauschal 1,00 Euro für jeden zurückgelegten Kilometer. Der Umsatz lässt sich wieder als Funktion in Abhängigkeit der zurückgelegten Strecke formulieren:

$$f(km) = 1\,Euro \times km$$

In unserem Koordinatensystem ergibt sich diese Umsatzlinie:

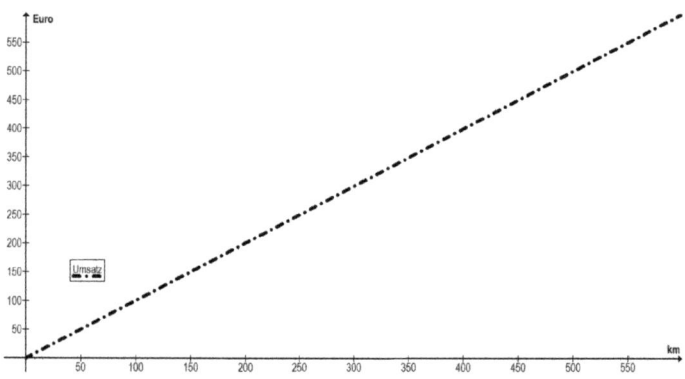

Abb. 10: Umsatzlinie

Während die Umsätze also bei 1 Euro für den ersten Kilometer liegen, sind Ihnen bereits nach dem ersten Kilometer Kosten von 135,47325 Euro entstanden. Die Umsätze müssen also eine Schwelle überschreiten, damit Sie einen Gewinn verbuchen können. Diese sogenannte Gewinnschwelle ist der Schwerpunkt des folgenden Kapitels.

6. Gewinnschwelle

Abbildung 11 zeigt die Umsatzlinie und die Gesamtkostenlinie im gleichen Koordinatensystem.

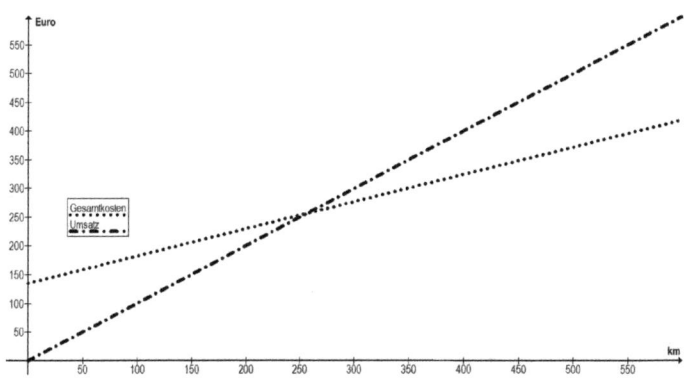

Abb.11: Gesamtkosten und Umsatz

Der Schnittpunkt der Umsatzlinie mit der Gesamtkostenlinie ist die Gewinnschwelle: Bei einem Preis von 1 Euro pro gefahrenen Kilometer müssen Sie 256,29 Kilometer fahren um die Gesamtkosten für den Tag decken zu können.

Sie können diesen Wert im Koordinatensystem ablesen oder anhand der Funktionsgleichungen berechnen. Hierzu setzen Sie beide Funktionen gleich und lösen sie nach km auf:

$$0{,}47325 \text{ Euro x km} + 135 \text{ Euro} = 1 \text{ Euro x km}$$

$$\Rightarrow \quad 135 \text{ Euro} = 1 \text{ Euro x km} - 0{,}47325 \text{ Euro x km}$$

$\Rightarrow$ 135 Euro = 0,52675 Euro x km

$\Rightarrow$ 256,29 = km

Wie beim Ablesen des Wertes im Koordinatensystem folgt hieraus, daß bei einem Kilometersatz von 1 Euro/km der Umsatz mindestens 256,29 Euro betragen muss.

Die folgende Abbildung 12 verdeutlicht diese Zusammenhänge. Ab Erreichen der Gewinnschwelle, hier also bei Überschreiten der 256,29km der an diesem Tag betrachteten Strecke, steigt der Gewinn in Euro schneller als die Entfernung in Kilometer.

Der Gewinn steigt überproportional zu der gefahrenen Strecke.

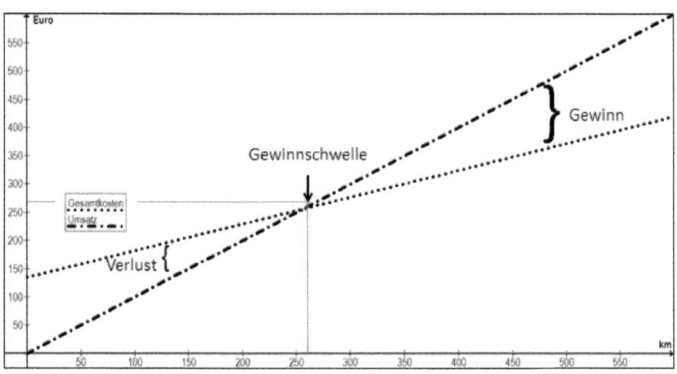

Abb.12: Gesamtkosten und Umsatz – Gewinn und Verlust

6.1 Gewinn

Der Gewinn (G) ist definiert als die Differenz aus Umsatz (U) und Kosten (K):

$$G = U - K$$

somit in unserem Beispiel

$$G = 1 \text{ Euro x km} - (0,47325 \text{ Euro x km} + 135 \text{ Euro})$$

bzw.

$$G = 1 \text{ Euro x km} - 0,47325 \text{ Euro x km} - 135 \text{ Euro}$$

Erst mit Erreichen der Gewinnschwelle, also erst nach dem Sie eine Strecke von 256,29 km gefahren sind, sind Ihre variablen Kosten gedeckt. Bis dahin wird der Verlust kleiner, je näher Sie sich der Gewinnschwelle nähern.

Jeder Kilometer, der über die Gewinnschwelle hinausführt, führt zu einem höheren Tagesgewinn.

Beachten Sie bitte, daß es sich hier um fahrzeugbezogene Betrachtungen handelt. Ein Überschreiten der hier genannten Gewinnschwelle setzt einen Verwaltungsaufwand von Null voraus. Mit anderen Worten müssen noch eventuell anfallende, nicht fahrzeugbezogene Kosten, von diesem Gewinn abgezogen werde.
Vgl. hierzu auch Kapitel 9 – Gewinn vs. Deckungsbeitrag.

Abbildung 13 zeigt die Gewinnfunktion als Differenz der Umsatz- und Gesamtkostenfunktion. Links von der Gewinnschwelle – hier der Schnittpunkt der Gewinnlinie mit der x-Achse – lässt sich der Verlust auf der negativen y-Achse ablesen. Rechts von der Gewinnschwelle lässt sich der Gewinn auf der positiven y-Achse ablesen.

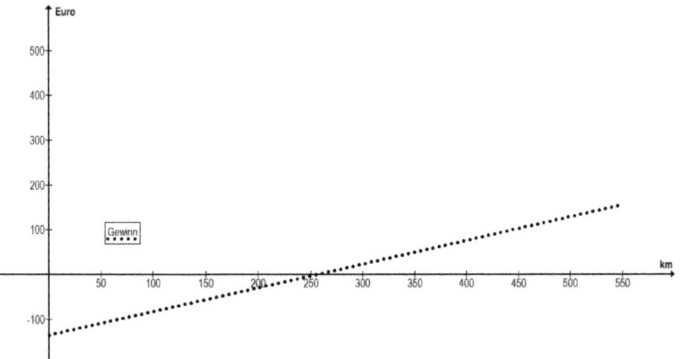

Abb.13: Gewinnlinie

Der Schnittpunkt der Gewinnlinie mit der x-Achse gibt die Strecke an, die Sie mindestens fahren müssen, um ihre variablen Kosten decken zu können.

7. Angestellte Fahrer

In der bisherigen Betrachtung sind wir davon ausgegangen, daß Sie Ihren LKW selber steuern. Der Gewinn entspricht in diesem Falle Ihrem Unternehmerlohn.

Anders ist dies, wenn Sie Fahrer beschäftigen. Es fallen – zusätzlich zu den fahrzeugbezogenen variablen und fixen Kosten – weitere Fixkosten für das Personal an.

7.1 Fixkosten bei angestellten Fahrern

Neben der sozialversicherungspflichtigen Vollzeitbeschäftigung gibt es Minijobs mit einem Gehalt von maximal 450 Euro im Monat[1] und Beschäftigung in der sogenannten Gleitzone. Diese sogenannten Midijobs legen ein monatlichen Gehalt zwischen 450,01 Euro und 850 Euro[2] zugrunde. Die Kosten des Arbeitgebers unterscheiden sich bei diesen drei Beschäftigungsarten. Nachfolgend wird von einem vollzeitbeschäftigten, sozialversicherungspflichtigen Arbeitnehmer ausgegangen. In den Mustertabellen zur Berechnung im Kapitel 10 können Sie selbstverständlich andere Beschäftigungsmodelle zugrunde legen.

Man unterscheidet zwischen direkten und indirekten Lohnkosten. Das Gehalt, das Sie Ihrem Fahrer zahlen, zählt zu den direkten Lohnkosten. Indirekte Lohnkosten werden auch als Lohnnebenkosten bezeichnet.

---

[1] 2014
[2] 2014

Hierzu zählen insbesondere:

Kostenart	Beitrag Arbeitgeber	Beitrag Arbeitnehmer
Rentenversicherung	9,45%	9,45%
gesetzl. Krankenversicherung	7,3%	8,2%
Arbeitslosenversicherung	1,5%	1,5%
Pflegeversicherung	1,025%	1,025%
Gesetzliche Unfallversicherung	1,6%	
Umlage U3 für das Insolvenzgeld	0,15%	
	21,025%	20,175

Tabelle 3: Lohnnebenkosten 2013

Die Beiträge zur gesetzlichen Arbeitslosenversicherung, zur gesetzlichen Rentenversicherung, zu der gesetzlichen Pflegeversicherung und zu der gesetzlichen Krankversicherung sind durch Beitragsbemessungsgrenzen gedeckelt. Grundlage der Beitragsbemessungsgrenze ist der jeweilige Lohn bzw. das Gehalt. Die Beitragsbemessungsgrenze für die gesetzliche Rentenversicherung liegt in den alten Bundesländern bei 5.800 Euro, in den neuen Bundesländern bei 4.900 Euro im Monat. Für die gesetzliche Arbeitslosenversicherung gelten die gleichen Bemessungsgrenzen.

Für die gesetzliche Pflegeversicherung gilt die gleiche Beitragsbemessungsgrenze wie für die gesetzliche Krankversicherung. In 2013 lag diese bei 4.050 Euro im Monat.

In der Realität werden Sie bei Kraftfahrern die Beitragsbemessungsgrenzen nicht berühren. Sie finden im weiteren Verlauf dieses Buches deshalb keine Berücksichtigung.

Für maximal 42 Tage im Jahr gilt die gesetzliche Lohnfortzahlung im Krankheitsfall. Wird Ihr Arbeitnehmer krank, müssen Sie zunächst 42 Tage – also sechs Wochen – das Gehalt weiterbezahlen. Anschließend übernimmt die Krankenkasse Ihres Mitarbeiters die Lohnfortzahlung.

Neben den gesetzlichen Lohnnebenkosten können weitere Lohnnebenkosten durch individuelle Leistungen entstehen. Dies sind beispielsweise die ausgezahlten Spesen, die Kosten der von dem Unternehmen gestellten Arbeitskleidung, vermögenswirksame Leistungen und Zuschläge für Mehrarbeit, Nacht- oder Sonn- und Feiertagsarbeit.

Betrachten wir nachfolgend einen Fahrer mit einem monatlichen Bruttogehalt von 1.800 Euro und einer Schadensfreiheitsprämie von 150 Euro. Darüber hinaus erhält der Fahrer 6 Euro Spesen am Tag.

Im ersten Schritt berechnen wir die tatsächlichen Kosten dieses Fahrers, die sogenannte Arbeitgeberbelastung. Diese setzt sich zusammen aus dem Gehalt samt Schadensfreiheitsprämie, den von dem Arbeitgeber zu tragenden Lohnnebenkostenanteilen und den Spesen:

Bruttolohn:	1.800 Euro
+ Schadensfreiheitsprämie:	150 Euro
Zwischensumme I:	1.950 Euro
+ 21,025% Lohnnebenkosten Arbeitgeber:	409,99 Euro
Zwischensumme II: Euro	2.359,99

Im Jahr entstehen Ihnen somit Kosten für den Mitarbeiter in Höhe von 28.319,88 Euro.

Gehen wir weiter davon aus, daß Ihr Fahrer 27 Tage Urlaub im Jahr hat. Im jährlichen Durchschnitt sei dieser außerdem 10 Tage krank. Das Jahr 2013 hatte in Nordrhein-Westfalen 250 Arbeitstage. Der Fahrer hätte bei einer fünf-Tage-Woche also an 213 Tagen gearbeitet. Die täglichen Kosten, ohne Spesen, betragen dann

28.319,88 Euro : 213 Arbeitstage = 132,96 Euro.

Hinzu kommen die Spesen in Höhe von 6 Euro:

132,96 Euro + 6 Euro = 138,96 Euro.

Abbildung 14 zeigt die Fixkosten des Fahrers in unserem Koordinatensystem.

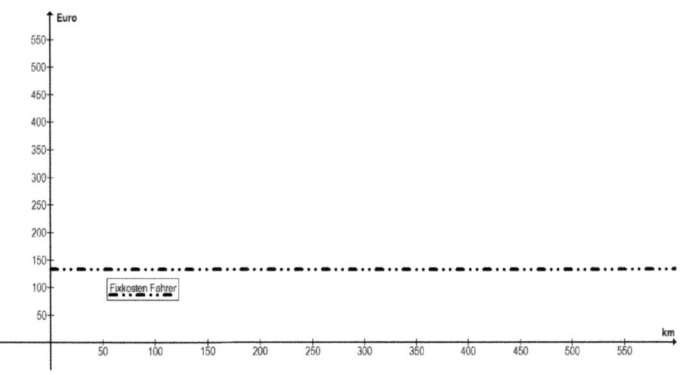

Abb.14: Fixkosten des Fahrers

Ihre gesamten fahrzeugbezogenen Fixkosten setzen sich nun aus den Fixkosten für den Zug, s. Abb. 2, und denen des Fahrers, s Abb. 14, zusammen:

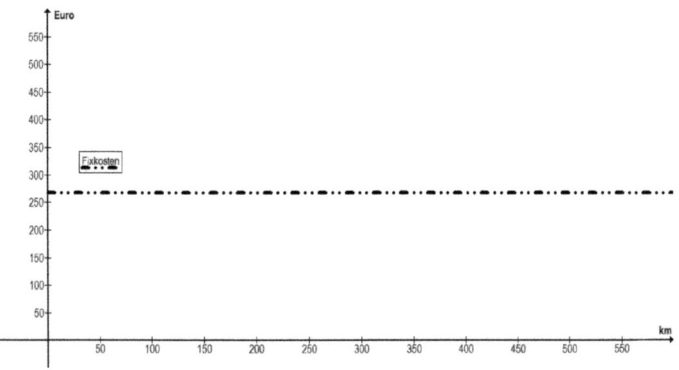

Abb.15: Fixkosten Fahrer und Fahrzeug

Die Gesamtkosten ergeben sich wiederum aus den Fixkosten und den variablen Kosten:

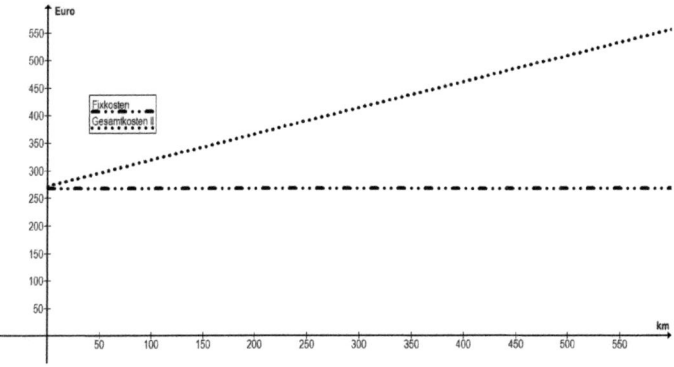

Abb.16: Gesamtkosten

7.2 Gewinnschwelle bei angestellten Fahrern

Der Umsatz ändert sich gegenüber dem eines selbstfahrenden Unternehmers nicht. Abbildung 17 zeigt die fahrzeugbezogene Umsatz- sowie die Gesamtkostenlinie bei einem angestellten Fahrer.

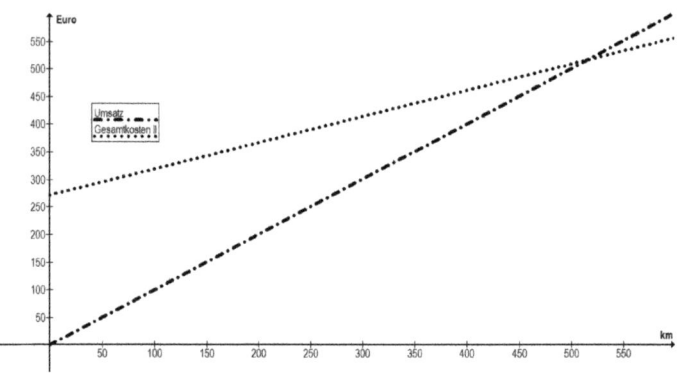

Abb.17: Umsatz, Fixkosten und Gesamtkosten bei einem angestellten Fahrer

Der Schnittpunkt der Umsatz- und Gesamtkostenlinie verschiebt sich, gegenüber der Darstellung bei einem selbstfahrenden Unternehmer, nach rechts oben. Die Gewinnschwelle wird also durch Lohnkosten eines angestellten Fahrers erst bei einer höheren Kilometerleistung bzw. bei einem höheren Umsatz erreicht.

Wir setzen wieder beide Funktionsgleichungen gleich um die Gewinnschwelle in Abhängigkeit der gefahrenen Kilometer zu berechnen:

Gesamtkosten in Euro = Umsatz in Abhängigkeit der Kilometer

0,47325 Euro x km + 135 Euro + 138,96 Euro = 1 Euro x km

⇨ 0,47325 Euro x km + 273,96 Euro = 1 Euro x km

⇨ 273,96 Euro = 0,52675 Euro x km

⇨ 520,94 = km

Bei einem Kilometersatz von 1 Euro/km müssen mindestens 521 Kilometer zurückgelegt bzw. 521 Euro umgesetzt werden. Erst dann haben Sie Ihre fahrzeugbezogenen Kosten und die Kosten für Ihren Fahrer gedeckt.

Würden Sie sich als selbstfahrender Unternehmer ein Gehalt in gleicher Höhe auszahlen, gilt die gleiche Strecke als Gewinnschwelle. Voraussetzung ist, daß Sie nicht auf möglicherweise für selbständige Unternehmer freiwillige Sozialversicherungsbeiträge[3] verzichten.

---

[3] Als Unternehmer entfällt die Pflicht in die gesetzliche Rentenkasse und Arbeitslosenversicherung einzuzahlen. Auch müssen Sie sich nicht krankenversichern. Es besteht für Existenzgründer die Möglichkeit freiwillig in die gesetzlichen Sozialversicherungssysteme einzuzahlen. Von dieser Möglichkeit sollten Sie insbesondere als (zukünftiger) Familienvater Gebrauch machen, auch wenn private Anbieter oder der Verzicht auf solche Versicherungen zunächst günstiger erscheinen.

7.3 Gewinn bei angestellten Fahrern

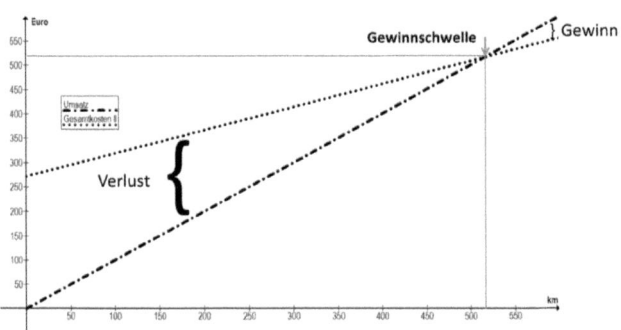

Abb.18: Gesamtkosten und Umsatz – Gewinn und Verlust bei angestelltem Fahrer

Wie in 6.1 beschrieben, ist der Gewinn (G) definiert als die Differenz aus Umsatz (U) und Kosten (K). Die neue Gewinnfunktion, unter Berücksichtigung der Kosten für den Fahrer, lautet nun:

$$G = 1 \text{ Euro x km} - (0{,}47325 \text{ Euro x km} + 135 \text{ Euro} + 138{,}96 \text{ Euro})$$

bzw.

$$G = 1 \text{ Euro x km} - 0{,}47325 \text{ Euro x km} - 135 \text{ Euro} - 138{,}96 \text{ Euro}$$

Wieder sind erst mit Erreichen der Gewinnschwelle Ihre direkten Kosten gedeckt.

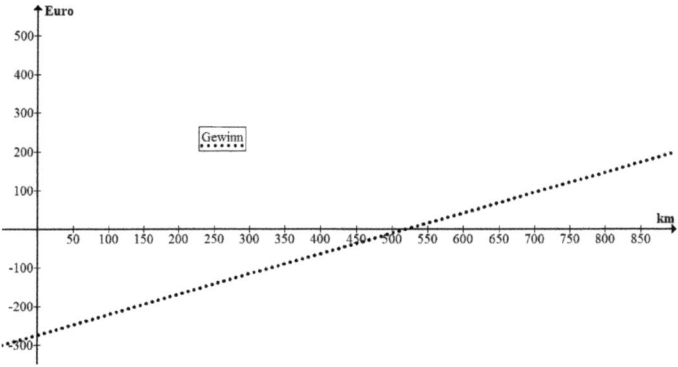

Abb.19: Gewinnlinie bei eingestelltem Fahrpersonal

In Abbildung 19 können Sie wieder links vom Schnittpunkt der Gewinnlinie mit der x-Achse den Verlust vor Erreichen des Mindestumsatzes ablesen, rechts vom Schnittpunkt Ihren Gewinn.

7.4 Zweimannbesatzung

Bei einer Zweimannbesatzung verlängert sich die tägliche Einsatzzeit des LKW um eine Schicht. Die Personalkosten verdoppeln sich gegenüber der Einmannbesatzung[4]. In unserer Beispielkalkulation würden die Personalkosten nun 277,92 Euro statt 138,96 Euro pro Einsatztag des LKW betragen.

Der Umsatz nimmt bei festem Kilometersatz entsprechend zu. Alternativ lassen sich mit dem gleichen Fahrzeug weitere oder mehrere Touren fahren, deren Umsatz in der Summe höher ist als bei einer Einzelbesatzung. Gehen wir hier zunächst von einem festen Kilometersatz und einer Verdopplung der täglichen Fahrstrecke aus.

Die Gesamtkostenfunktion lautet nun:

$$0,47325 \text{ Euro x km} + 135 \text{ Euro} + 277,92 \text{ Euro}$$

Setzen wir diese wieder mit dem Umsatz von 1 Euro pro Kilometer gleich:

$$0,47325 \text{ Euro x km} + 135 \text{ Euro} + 277,92 \text{ Euro} = 1 \text{ Euro x km}$$

$$\Rightarrow \quad 0,47325 \text{ Euro x km} + 412,92 \text{ Euro} = 1 \text{ Euro x km}$$

---

[4] Sofern der zweite Fahrer ebenfalls angestellt ist. Handelt es sich bei dem zweiten Fahrer jedoch um Sie als selbstfahrenden Unternehmer, berechnet sich die Zweimannbesatzung wie die eines Zuges mit nur einem Fahrer. Der Unternehmergewinn steigt entsprechend.

⇨ 412,92 Euro = 0,52675 Euro x km

⇨ 783,90 Euro = km

Mit der hier beschriebenen Zweimannbesatzung muss der LKW mindestens 783,9km an einem Tag zurücklegen um die Kosten zu decken.

Nehmen wir an, daß Sie das Fahrzeug in zwei Schichten insgesamt eine Strecke von 1.120km fahren lassen. Der Umsatz beträgt dann 1.120 Euro.

Berechnen wir den Gewinn dieses LKW an dem betreffenden Tag.

$$\text{Gewinn (G) = Umsatz (U) − Kosten (K)}$$

mit

U	=	1 Euro x km
K	=	0,47325 Euro x km + 135 Euro + 277,92 Euro
	=	0,47325 Euro x km + 412,92 Euro

G = 1 Euro x 1.120 − (0,47325 Euro x 1.120 + 412,92 Euro)

⇨ 1.120 Euro - 530,04 Euro − 412,92 Euro

⇨ 177,04 Euro

Der Gewinn beträgt 177,04 Euro.

8. Mehrere Fahrzeuge

Unter der Voraussetzung, daß der Einsatz eines einzelnen Fahrzeuges zu einem Gewinn führt, führt der Einsatz mehrerer gleichartig eingesetzter Fahrzeuge zu steigenden Gewinnen.

Entsprechend kann der Einsatz mehrerer Fahrzeuge, deren Einsatz defizitär ist, den gesamten Verlust vergrößern.

Unter Umständen ist eine Mischkalkulation mit einzelnen verlustbringenden Fahrzeugen wirtschaftlich sinnvoll. Ein Beispiel ist eine aus verschiedenen und zum Teil defizitären Relationen bestehende Kundenbeziehung, die in der Gesamtheit ein positives Ergebnis ermöglicht.

Wirtschaftlich sinnvolle Entscheidungen erfordern jedoch im ersten Schritt immer die Einzelbetrachtung nach Touren oder Fahrzeugen.

9. Gewinn vs. Deckungsbeitrag

Bisher haben wir lediglich die direkten Kosten des eingesetzten Fahrzeuges betrachtet. Tatsächlich entstehen aber auch Kosten, die nicht einer Tour oder einem Fahrzeug zugeordnet werden können. Beispiele sind die Kosten für die Logistikpolice, Miete für Büroräume, Personalkosten der Disposition oder Verwaltung oder die Gebühren Ihres Steuerberaters.

Diese Kostenarten nehmen sowohl in ihrer Anzahl als auch in ihrer Höhe bei steigender Fahrzeuganzahl zu. Diese Kosten müssen tatsächlich durch den hier bisher als Gewinn bezeichneten Anteil des Umsatzes gedeckt werden. Aus diesem Grund wird der Umsatz abzüglich der direkten, variablen Kosten auch als Deckungsbeitrag bezeichnet.

In der betriebswirtschaftlichen Terminologie ist der Gewinn der Betrag, der nach Abzug aller Kosten vom Umsatz übrig bleibt.

10. Individuelle Berechnung

In diesem Kapitel erhalten Sie einen systematischen Wegweiser zur Berechnung der individuellen Kosten Ihrer Touren und Fahrzeuge – und des entsprechenden Gewinns oder Verlusts.

10.1 Tipps zur Berechnung

Gehen Sie bei der Berechnung der Deckungsbeiträge Ihrer Fahrzeuge oder Ihrer Touren grundsätzlich von der kleinsten Einheit aus. Berechnen Sie also zunächst jeweils eine Tour oder ein Fahrzeug.

10.2 Berücksichtigung von Leerkilometern

Berücksichtigen Sie alle Leerkilometer. Sinnvoll ist die Berücksichtigung der Strecke von der ersten Beladestelle einer Tour bis zur ersten Beladestelle der nächsten Tour. Nehmen wir beispielsweise folgende Aufträge an:

    a. 33 Paletten Wein von Frankfurt a.M. nach Köln
    b. 33 Paletten Orangensaft von Düsseldorf nach Frankfurt

Zwischen der Entladestelle in Köln und der nächsten Beladestelle in Düsseldorf ist eine Leerfahrt von etwa 30km zu berücksichtigen. Die Kosten für diese Leerfahrt sind der vorangehenden Tour - Frankfurt a.M. nach Köln - zuzurechnen. So stellen Sie sicher, daß Sie sowohl mit dieser als auch mit der Anschlusstour eine wirtschaftlich sinnvolle Entscheidung treffen. Sie berücksichtigen diese Zurechnung automatisch, wenn Sie bei der Berechnung der Entfernung zwischen Be- und Entladestelle nicht nur die Strecke Frankfurt a.M. – Köln berücksichtigen, sondern Frankfurt a.M. – Köln – Düsseldorf.

10.3 Mustertabellen - Berechnungswegweiser

Mit den folgenden Mustertabellen können Sie die fahrzeugbezogenen variablen und fixen Kosten Ihres Unternehmens erfassen und berechnen. Erweitern Sie die Kostenpositionen um unternehmensindividuelle Faktoren, sofern dies in Ihrem Betrieb zutrifft.

Möchten Sie das Zahlenmaterial für die Planung Ihrer Liquidität nutzen, verwenden Sie bitte Bruttowerte – also Kosten inklusive gesetzlicher Mehrwertsteuer. Zur Kalkulation Ihrer Touren setzen Sie bitte Nettowerte – ohne gesetzliche Mehrwertsteuer – an.

Zeilen, die später zu verwendende Werte enthalten, sind jeweils mit einem Großbuchstaben am Beginn der Zeile gekennzeichnet.
Wird später auf den Wert dieser Zeile Bezug genommen, geschieht dies über diesen Großbuchstaben.

10.3.1 Fahrzeugbezogene Fixkosten

Bei jährlicher Zahlweise teilen Sie die jährlichen Beträge zunächst durch 12 um Monatswerte zu erhalten.

Angenommen ist hier jeweils ein Zug, also eine Sattelzugmaschine mit Auflieger. Nutzen Sie dagegen beispielsweise einen 12t-LKW, verwenden Sie lediglich die Spalte „Sattelzugmaschine", für einen Anhänger statt eines Aufliegers die Spalte „Auflieger".

Bei der Berechnung der Kosten pro Tag teilen Sie die Summe der monatlichen Kosten durch die Anzahl der Einsatztage in dem betrachteten Kalendermonat.

Berechnung der monatlichen fahrzeugbezogenen Fixkosten:

		Sattelzugmaschine	Auflieger
	Finanzierungsrate/Miete/Leasingrate	€	€
	Wartungsvertrag	€	€
	Versicherung	€	€
	Steuer	€	€
	...	€	€
	...	€	€
	...	€	€
A	Summe SZM / Auflieger	€	€
B	Summe Zug		€
C	Summe Zug pro Tag		€

Tabelle 4: Monatliche Fahrzeugbezogene Fixkosten

10.3.2 Fahrzeugbezogene variable Kosten

Bei den fahrzeugbezogenen variablen Kosten gilt es neben der Erfassung der Daten einige Berechnungen durchzuführen.

Möchten Sie Kosten für Reifen in Ihrer Berechnung aufnehmen, gehen Sie von den Gesamtkosten sowie der Laufleistung eines Reifens während seiner gesamten Lebensdauer aus. Berücksichtigen Sie also eventuelle Sondereffekte wie beim Nachschneiden von Reifen. Die Kosten für den Reifenverschleiß ermitteln Sie mit folgender Formel:

$$Reifenverschleiß\ je\ 100km$$
$$= \frac{Preis\ eines\ Reifens}{Lebensdauer\ eines\ Reifens\ in\ km} \times 100$$

Abhängig von einer generellen Mautpflicht Ihres Fahrzeugs tragen Sie bitte den jeweiligen Mautsatz gemäß der Schadstoffklasse Ihres Fahrzeugs je 100km ein.

Berechnung des fahrzeugbezogenen Kraftstoffverbrauchs:

D	Verbrauch Diesel pro 100km	l
E	Verbrauch AdBlue pro 100km (5% des Dieselverbrauches in Litern)	l

Tabelle 5: Fahrzeugbezogener Kraftstoffverbrauch

Erfassung der fahrzeugbezogenen Verbrauchsdaten:

F	Dieselpreis je Liter	€
G	AdBlue Preis je Liter	€
H	Mautsatz je 100km x Anteil mautpflichtiger Strecke	€
I	Reifenverschleiß je 100km x Anzahl Reifen Zug	€
J	Bremsenverschleiß je 100km x Anzahl Beläge	€
K	...	€
L	...	€

Tabelle 6: Fahrzeugbezogene Verbrauchsdaten

Multiplizieren Sie nun die Werte der angegebenen Zeilen um die fahrzeugbezogenen Kraftstoffkosten zu berechnen:

M	Kosten Diesel je 100km D x F	€
N	Kosten AdBlue je 100km E x G	€

Tabelle 7: Fahrzeugbezogene Kraftstoffkosten

Mit den jetzt vorliegenden Daten können Sie die variablen Kosten je 100km zurückgelegter Strecke berechnen:

O	H + I + M + N	€

Tabelle 8: Fahrzeugbezogene variable Kosten je 100km

10.3.3 Fahrzeugbezogene Personalkosten

Bei den fahrzeugbezogenen Personalkosten berücksichtigen Sie die für das betrachtete Fahrzeug und dessen Einsatz benötigte Fahrzeugbesatzung. Sollten Sie als Unternehmer selber fahren, können Sie einen kalkulatorischen Lohn eintragen oder aber diese Position mit Null ansetzen. In diesem Falle steigt Ihr unternehmerischer Gewinn entsprechend.

Bei den fahrzeugbezogenen Personalkosten tragen Sie zunächst wieder die Werte eines betrachteten Monats ein:

Berechnung der fahrzeugbezogenen monatlichen Personalkosten:

	Bruttolohn	€
	Prämien	€
	Lohnnebenkosten[5]	€
	Telefon	€
	...	€
P	Summe	€

Tabelle 9: Fahrzeugbezogene monatliche Personalkosten

---

[5] 21,025% vom Bruttolohn + Prämien bei sozialversicherungspflichtigen Beschäftigungsverhältnissen (Stand 2013). Aktuelle Arbeitgeberanteile bei Mini- bzw. Midijobs finden Sie im Internet, bspw. unter www.minijobzentrale.de

Anschließend berechnen Sie die Differenz aus den jährlichen Einsatztagen, den Urlaubstagen und den durchschnittlichen Krankheitstagen.

Berechnung der tatsächlichen fahrzeugbezogenen jährlichen Einsatztage:

Jährliche Einsatztage		
./. Jährliche Urlaubstage		
./. Jährliche durchschnittliche Krankheitstage		
Q	Differenz = tatsächliche Einsatztage	

Tabelle 10: Fahrzeugbezogene jährliche Einsatztage

Diese Differenz entspricht den tatsächlichen jährlichen Einsatztagen.

Bezahlen Sie bspw. Nachtzuschläge oder tägliche Spesen, tragen Sie diese in der nachfolgenden Tabelle ein. Weiterhin berücksichtigen Sie hier eventuell täglich gezahltes Urlaubsgeld.

Berechnung der fahrzeugbezogenen jährlichen Zusatzleistungen:

Tägliche Spesen x Einsatztage		€
Tägliche Nachtzuschläge x Einsatztage		€
Tägliches Urlaubsgeld x Einsatztage		€
...		€
R	Summe jährlicher Zusatzleistungen	€

Tabelle 11: Fahrzeugbezogene jährliche Zusatzleistungen

Die gesamten fahrzeugbezogenen Personalkosten werden nun abschließend anhand der folgenden Tabelle berechnet:

P x 12		€
R		€
Weihnachtsgeld		€
Jährliches Urlaubsgeld		€
...		€
S	Summe gesamte jährliche Personalkosten	€

Tabelle 12: Fahrzeugbezogene jährliche Personalkosten

Die täglichen Personalkosten errechnen sich dann abschließend mit der folgenden Tabelle:

T	S : Q	€

Tabelle 13: Fahrzeugbezogene tägliche Personalkosten

10.3.4 Zusammenfassung der Kosten

Tragen Sie in die folgende Tabelle die zuvor ermittelten Werte ein.

Fixe Kosten Zug pro Tag C	€
Variable Kosten je 100km O	€
Personalkosten pro Tag T	€

Tabelle 14: Zusammenfassung fahrzeugbezogener Kosten

10.3.5 Fahrzeugbezogene Kostenfunktion

Sie können jetzt anhand der zuvor recherchierten und berechneten Werte eine individuell auf Ihr Fahrzeug, dessen Besatzung und seinen Einsatz zugeschnittene Kostenfunktion ermitteln.

Fahrzeugbezogene Kosten	=	fahrzeugbezogene variable Kosten O
	+	fahrzeugbezogene fixe Kosten C
	+	fahrzeugbezogene Personalkosten T

Die fahrzeugbezogenen variablen Kosten sind der in der Tabelle unter 10.3.2 mit dem Buchstaben O berechnete Wert. Dieser Wert wird in der Kostenfunktion mit den zurückgelegten Kilometern multipliziert. Die zurückgelegten Kilometer sind zuvor durch 100 zu teilen, da sich die Kosten jeweils auf eine Strecke von 100km beziehen.

$$\text{Fahrzeugbezogene Kosten} = O \times \frac{km}{100} + C + T$$

Die hier ermittelten Fahrzeugbezogenen Kosten (FK) tragen Sie in der Tabelle unter 10.3.7 ein.

10.3.6 Fahrzeugbezogener Umsatz

Der Umsatz Ihres Fahrzeuges kann sich entweder auf die zurückgelegte Strecke beziehen. In diesem Falle multiplizieren Sie die an einem Tag zurückgelegten Kilometer mit dem Umsatz je Kilometer.

$$\text{Kilometerbezogener Umsatz} = \text{Preis x km}$$

Der Umsatz kann auch tourenbezogen sein. In diesem Falle addieren Sie sämtliche Umsätze dieser Touren eines Tages. Beachten Sie auch den Hinweis auf die Berücksichtigung von Leerkilometern bei den Kosten in Kapitel 10.1.

$$\text{Tourenbezogener Umsatz} = \text{Umsatz Tour 1} + \text{Umsatz Tour 2}$$
$$\ldots$$

Auch denkbar ist der Umsatz durch einen fest verhandelten Tagessatz. Diesen können Sie als Tagesumsatz ansetzen.

$$\text{Umsatz Festeinsatz} = \text{Tagessatz}$$

Eine Rückvergütung der Maut ist entsprechend zu berücksichtigen.

Tragen Sie den ermittelten Fahrzeugbezogenen Umsatz (FU) in die Tabelle unter 10.3.7 ein.

10.3.7 Wirtschaftlichkeitsberechnung

Sie setzen Ihr Fahrzeug wirtschaftlich sinnvoll ein, wenn der fahrzeugbezogene Umsatz mindestens die fahrzeugbezogenen Kosten deckt. Natürlich sollte dieser Beitrag auch die anteiligen, nicht-fahrzeugbezogenen Kosten bspw. Ihrer Verwaltung decken.

Fahrzeugbezogener Umsatz – Fahrzeugbezogene Kosten > 0

⇨ Wirtschaftlich sinnvoller Einsatz

Fahrzeugbezogener Umsatz – Fahrzeugbezogene Kosten < 0

⇨ Wirtschaftlich nicht sinnvoller Einsatz

Berechnung der fahrzeugbezogenen Wirtschaftlichkeit:

Fahrzeugbezogener Umsatz	€
./. Fahrzeugbezogene Kosten	€
Ergebnis	€

Tabelle 15: Fahrzeugbezogene Wirtschaftlichkeit

11. Kopiervorlagen

Mit den folgenden Kopiervorlagen können Sie die Berechnungen für beliebig viele Einsätze wiederholen.

11.1 Fahrzeugbezogene monatliche Fixkosten

Kennzeichen:

		Sattelzugmaschine	Auflieger
Finanzierungsrate/ Miete/Leasingrate		€	€
Wartungsvertrag		€	€
Versicherung		€	€
Steuer		€	€
		€	€
		€	€
		€	€
A	Summe SZM / Auflieger	€	€
B	Summe Zug		€
C	Summe Zug pro Tag		€

11.2 Fahrzeugbezogene variable Kosten

Kennzeichen:

Kraftstoffverbrauch

D	Verbrauch Diesel pro 100km	l
E	Verbrauch AdBlue pro 100km (5% des Dieselverbrauches in Litern)	l

Verbrauchsdaten

F	Dieselpreis je Liter	€
G	AdBlue Preis je Liter	€
H	Mautsatz je 100km x Anteil mautpflichtiger Strecke	€
I	Reifenverschleiß je 100km x Anzahl Reifen Zug	€
J	Bremsenverschleiß je 100km x Anzahl Beläge	€
K		€
L		€

Kennzeichen:

Kraftstoffkosten

M	Kosten Diesel je 100km D x F		€
N	Kosten AdBlue je 100km E x G		€

Variable Kosten je 100km

O	H + I + M + N		€

11.3 Personalkosten

Kennzeichen:

Monatliche Kosten des Fahrers

Bruttolohn		€
Prämien		€
Lohnnebenkosten		€
Telefon		€
		€
		€
P	Summe	€

Kennzeichen:

Jährliche Einsatztage des Fahrers

Jährliche Einsatztage	
./. Jährliche Urlaubstage	
./. Jährliche durchschnittliche Krankheitstage	
Q Differenz = tatsächliche Einsatztage	

Jährliche Zusatzleistungen des Fahrers

Tägliche Spesen x Einsatztage	€
Tägliche Nachtzuschläge x Einsatztage	€
Tägliches Urlaubsgeld x Einsatztage	€
	€
	€
R Summe jährlicher Zusatzleistungen	€

Kennzeichen:

Jährliche Personalkosten des Fahrers

P x 12		€
R		€
Weihnachtsgeld		€
Jährliches Urlaubsgeld		€
		€
		€
S	Summe gesamte jährliche Personalkosten	€

Tägliche Personalkosten

T	S : Q	€

11.4 Zusammenfassung Kosten

Kennzeichen:

Fixe Kosten Zug pro Tag C	€
Variable Kosten je 100km O	€
Personalkosten pro Tag T	€

11.5 Wirtschaftlichkeitsberechnung

Kennzeichen:

Fahrzeugbezogener Umsatz	€
./. Fahrzeugbezogene Kosten	€
Ergebnis	€